Lepší kuchyně než apatika

Harald Salfellner

Les meilleures recettes tchèques

Vitalis

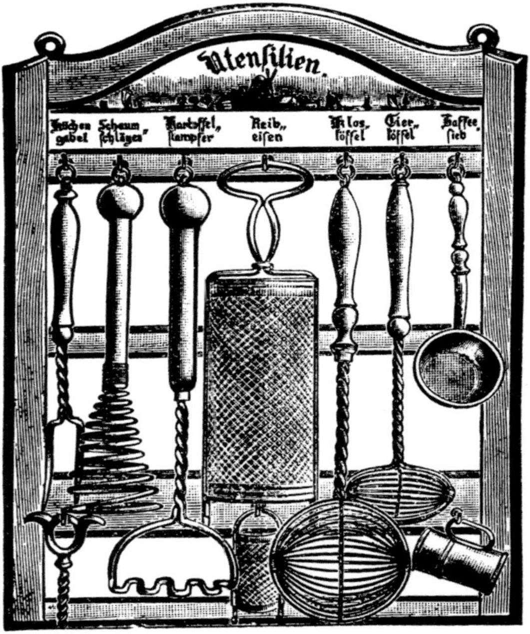

 • Les photographies de ce livre ont été élaborées par le service des illustrations des éditions Vitalis sous la direction de l'auteur et en collaboration avec le photographe Michal Pavlík • Traduit de l'allemand par Stefan Rodecurt • ISBN 978-80-7253-253-7 • Imprimé dans un Etat membre de la CEE • www.vitalis-verlag.com

Table des matières

Préambule

L'ancienne Bohême, avec sa capitale Prague – « zlatá Praha » (la Prague dorée), mais aussi la Moravie paisible et pittoresque éveillent chez beaucoup d'entre nous des souvenirs nostalgiques du bon vieux temps. Et tout comme autrefois, du temps de l'empereur, on continue aujourd'hui à se rendre en République tchèque pour apprécier d'excellentes spécialités, telles que les mets délicats des stations thermales internationales que sont Karlovy Vary (Karlsbad), Mariánské Lázně (Marienbad) ou Františkovy Lázně, ou encore les plats uniques à la fois rustiques et copieux de la région du Riesengebirge (Krkonoše) et de la forêt de Bohême (Šumava), un massif montagneux.

La cuisine tchèque est influencée par deux mouvements principaux importants: la cuisine traditionnelle germano-tchèque, caractérisée par de fortes disparités régionales et qui dominait naturellement dans les régions peuplées en majorité d'Allemands – et les habitudes tchéco-slaves dont la façon de cuisiner et de s'alimenter se distinguent nettement des autres cuisines slaves, russe ou polonaise par exemple. En laissant nos yeux parcourir l'histoire de ce pays, nous pouvons comprendre qu'à ces deux origines importantes s'ajoutent de nombreuses autres influences. L'empereur Charles IV introduisit de Bourgogne, entre autres, les ceps de vigne, Joseph Groll, maître brasseur munichois, la bière de Plzeò. Et les Tyroliens qui s'implantèrent à Volary (Bohême du Sud) – à ce qu'on dit – apportèrent avec eux, à défaut de leurs « knedlíky », quelques-unes de leurs spécialités tyroliennes. Au 20e siècle, on peut remarquer beaucoup d'influences de la cuisine slovaque, et même la tutelle de l'empire soviétique pendant des décennies n'a pas été sans laisser de traces. Avec sa diversité la cuisine tchèque s'intègre bien dans le patrimoine culturel européen qui ne constitue non seulement une somme d'identités nationales, mais qui vit aussi d'influences étrangères dont elle se nourrit.

Ce petit livre regroupe les meilleures recettes d'hier et d'aujourd'hui qui sont présentées de telle manière qu'il est facile de les reproduire dans toute cuisine moderne. Nous vous souhaitons bien du succès dans cette entreprise et un bon appétit ou comme on dit chez nous « dobrou chuť ! »

Harald Salfellner

Les recettes sont prévues pour 4 personnes, sauf indication contraire.

Biscuits de Lomnice (Lomnické suchary)

¼ l de lait	Le faire chauffer, mais il ne doit pas être trop chaud, délayer
25 g de levure	dans le lait avec
un peu de sucre.	Ajouter
500 g de farine,	
150 g de beurre	et
3 jaunes d'œuf	Mélanger jusqu'à épaississement. Incorporer à la pâte
un soupçon de sel,	
le zeste d'un citron râpé,	
1 pincée de noix de muscade râpée	et
1 nuage de poudre de fenouil.	Laisser lever la pâte pendant 30 minutes et en former 2 galettes. Les poser sur une plaque de four beurrée et laisser encore une fois lever pendant 20 minutes. Mettre au four à une température de 200°C pendant 20 min. Le lendemain, couper en rondelles d'environ un doigt d'épaisseur et laisser sécher à une température de 120 °C . Les passer encore chaudes dans
4 sachets de sucre vanillé.	

Charlotte aux pommes

10 petits pains rassis	Les couper en tranches fines. Bien mélanger
½ l de lait	avec
3 œufs	et
100 g de sucre	Puis y laisser tremper les petits morceaux de pain. Eplucher
750 g de pommes,	un peu acidulées, des reinettes de préférence. Les épépiner et les couper en fines lamelles. Mélanger avec
50 g de raisins secs	et
50 g d'amandes pilées.	Mettre des couches successives de pain imbibé et de pommes dans un moule à charlotte bien beurré. Terminer par une couche de pain. Y déposer une noix de
beurre, 50 g	et verser le lait restant. Mettre le moule dans un four préchauffé à 200°C et laisser cuire pendant 30 minutes. Mélanger
2 blancs d'œuf	avec
30 g de sucre	et les battre en neige ferme. Enduire le plat de ces œufs battus en neige et mettre encore une fois 10 minutes dans le four. Le chapeau de neige devrait légèrement brunir.

Charlotte

Pain farci au jambon de Prague (Pražská šunka)

80 g de levure	La mettre dans un petit saladier et la mélanger avec
1 cuillère à café de sucre	et
1 cuillère à soupe de sel,	jusqu'à ce que la levure devienne fluide. Mélanger
500 g de farine de blé	et
250 g de farine de froment	avec
50 g de germes de blé	dans un grand saladier. Utiliser de préférence une fourchette pour éviter de devoir tamiser la farine. Verser dans le saladier
600 ml d'eau	et la levure délayée et faire une boule en pétrissant le tout. Saupoudrer légèrement de farine, la couvrir et laisser gonfler. Faire tremper
1 kg de jambon	dans l'eau toute une nuit, puis laisser cuire à petit feu pendant environ 1 heure. Retirer la couenne et laisser refroidir le jambon. Fariner le plan de travail et étaler la pâte au rouleau sur 1 cm d'épaisseur environ. Battre
2–3 œufs	et badigeonner la moitié des œufs battus sur toute la surface de la pâte à l'aide d'un pinceau. Y déposer le jambon et l'envelopper délicatement de pâte. Lisser les bords. Beurrer un grand plat avec
75 g de beurre	et y déposer la pâte farcie . Enduire au pinceau le pain avec le reste des œufs. Piquer le dessus du pain plusieurs fois à la fourchette. Laisser cuire au four environ 2 ½ heures à 225°C.

Pain farci au jambon de Prague

Soupe aux tripes (Dršťková polévka)

250 g de tripes	Bien les laver à plusieurs reprises à l'eau froide, les passer au sel et les laver à nouveau à l'eau froide. Ebouillanter les tripes, puis les égoutter. Changer l'eau et les faire cuire avec du
sel,	
1 oignon	et
des légumes	finement coupés porter à ébullition. Assaisonner avec
1 gousse d'ail,	
de la marjolaine,	
du paprika doux	et
du poivre en graines.	Faire cuire à feu doux 2 à 3 heures jusqu'à ce que les tripes deviennent tendres. Faire fondre
30 g de beurre	ou de saindoux, y incorporer au fouet
40 g de farine.	Mouiller petit à petit avec le bouillon. Laisser cuire 10 à 20 minutes de façon à ce que la soupe n'ait pas le goût de la farine. Bien brasser pour que le roux ne brûle pas. Ajouter les tripes découpées en lanières ainsi que
100 g de poitrine fumée	coupée en petits morceaux. Faire cuire brièvement et servir parsemé de
persil ciselé.	

Soupe aux tripes (en bas), soupe de pommes de terre (au centre) et soupe aux choux (en haut)

Soupe aux choux (Zelňačka)

40 g de poitrine fumée	La couper en petits dés et les laisser fondre dans
20 g de beurre	ou de graisse dans une grande marmite. Couper
1 oignon	et
2 gousses d'ail	en dés très fins et les étuver. Y mélanger
2 cuillères à café de paprika doux.	
	Ajouter
250 g de choucroute	et assaisonner avec du
sel	et
½ cuil. à café de cumin.	
	Ajouter
¾ l de bouillon de viande	et porter la soupe à ébullition.
	Faire un roux dans une poêle avec
50 g de beurre	ou de graisse et de
50 g de farine	et le diluer dans
¾ l de bouillon de viande.	Incorporer le roux à la soupe et faire chauffer environ 15 minutes à feu moyen. Eplucher
2 pommes de terre	et les couper en petits dés. Ajouter les pommes de terre dans la soupe et faire bouillir le tout encore 15 minutes. Ajouter en dernière minute
200 g de crème épaisse.	
	Eventuellement, selon le goût, ajouter encore
200 g de saucisse à cuire ou de saucisse fumée	coupée en rondelles dans la soupe.

Soupe de pommes de terre (Bramboračka)

2 petits oignons 100 g de carottes 50 g de persil à grosse racine 50 g de céleri 1 pourreau	Couper le tout en petits morceaux et faire revenir au
beurre, 20 g.	Arroser avec
½ l d'eau salée.	Eplucher
500 g de pommes de terre	et les couper en petits dés, les ajouter et laisser cuire environ 25 min (les pommes de terre doivent rester fermes). Assaisonner avec
½ cuillère à café de cumin	et
1 pincée de majolaine	et éventuellement d'une
gousse d'ail finement hachée.	Faire chauffer
70 g de beurre	dans la casserole et y incorporer
70 g de farine.	Porter brièvement à ébullition et arroser avec le bouillon de pommes de terre-légumes. Ajouter les pommes de terre et les légumes et laisser cuire encore 5 minutes. Ajouter pour finir
1 cuillère à café de beurre	et rectifier l'assaisonnement (Maggi ou autres).

Harengs marinés à la mode de Prague

Pour 8 personnes

8 harengs salés	Les laisser tremper deux ou trois jours dans une grande quantité d'eau à laquelle on a ajouté
un peu de lait.	Changer souvent le liquide de trempage. Bien essuyer ensuite les harengs, enlever la peau, détacher l'arête centrale, ôter la tête et la queue et faire frire dans
4 cuillères à soupe d'huile.	Mettre en même temps que
1 feuille de laurier, quelques graines de piment, 10 graines de poivre	et
un oignon coupé en rondelles	dans un ravier en porcelaine. Passer la laitance des harengs, y ajouter
8 cuillères à soupe de crème fraîche, de l'huile et du vinaigre	Mélanger le tout. Napper les harengs avec la sauce, les couvrir et les laisser mariner six jours avant de consommer. Accompagner ce plat de poisson d'une salade de pommes de terre, de concombres, de câpres et d'oignons blancs.

PRAKTICKÁ

KUCHAŘKA

OD M. RETIKOVÉ.

CENA 70 HAL.

DRUHÉ DOPLNĚNÉ VYDÁNÍ.

Knedlíky de mie de pain (Houskové knedlíky)

15 g de levure	Bien la mélanger avec
1 cuil. à café de sucre	jusqu'à ce que la levure devienne fluide. Tamiser avec
400 g de farine	dans un saladier. Ajouter la levure fluide,
1 pincée de sel	et
3 jaunes d'œuf	et malaxer le tout pour lever la pâte. La laisser reposer une heure. Couper
1/8 l de lait	
1 petit pain rassis	en dés, les faire légèrement revenir dans
40 g de beurre,	puis laisser refroidir et les incorporer à la pâte jusqu'à ce que la pâte ne colle plus à la cuillère en bois et qu'elle soit bien lisse et brillante. En remuant il se forment des bulles qui éclatent à la surface. Sur un plan de travail fariné former 2 miches oblongues, les recouvrir d'un torchon et les laisser lever (« pousser ») encore 15 minutes. Dans une grande casserole, porter à ébullition
4 l d'eau salée	et commencer à y déposer un knedlík. Quand l'eau se remet à bouillir, y ajouter un autre knedlík. Quand l'eau bout à nouveau, retirer délicatement les knedlíky du fond de la casserole avec une cuillère en bois et réduire un peu la température de cuisson. Laisser cuire environ 20 minutes, retourner les knedlíky à mi-cuisson. Pour savoir si les knedlíky sont cuits à cœur, il suffit de les piquer avec un cure-dent pour constater si la pâte reste collée ou non. Finalement sortir les knedlíky et les couper en tranches fines avec une ficelle et les servir pour accompagner différents plats.

Knedlíky de pommes de terre, de mie de pain et de pâte levée

Knedlíky de pâte levée (Kynuté knedlíky)

15 g de levure	La délayer dans
1/8 l de lait tiède,	ajouter
un petit peu de sucre	et laisser agir la levure, puis mélanger avec
500 g de farine.	Ajouter
1 œuf	et
1 pincée de sel	et bien mélanger à nouveau. Laisser reposer une heure et ensuite former les knedlíky sur un plan de travail fariné, recouvrir d'un linge et laisser encore reposer. Les plonger dans de l'eau bouillante, couvrir et les laisser barboter 15 minutes, enlever le couvercle et laisser encore gonfler quelques minutes. Couper avec une ficelle les knedlíky bien égouttés en tranches et les arroser de beurre fondu.

Knedlíky de pommes de terre (Bramborové knedlíky)

500 g de pommes de terre farineuses

Les faire bouillir avec la peau, les peler encore chaudes et les râper. Les mettre sur un plan de travail, faire un creux au milieu. Ajouter

1 œuf,
2 pincées de sel,
80 g de farine

et

80 g de semoule

et mélanger le tout pour obtenir une pâte ferme. A partir de celle-ci, former 5 knedlíky oblongs, les plonger tous à la fois dans

4 l d'eau salée

bouillante et les laisser doucement barboter à feu moyen 15 minutes. Au bout de 8 min les retourner délicatement, les servir chauds coupés en tranches.

Knedlíky aux fruits (Ovocné knedlíky)

15 g de levure	Bien la mélanger avec
40 g de sucre	et
1 pincée de sel,	jusqu'à ce que la levure devienne fluide. Tamiser
250 g de farine	dans un saladier. Ajouter la levure fluide,
1 œuf,	
¼ l de lait,	
1 sachet de sucre vanillé	et travailler le tout pour obtenir une pâte levée. Saupoudrer de farine et laisser reposer 45 minutes et ensuite étaler la pâte au rouleau pour former un rectangulaire et le découper en 20 petits carrés.
20 prunes ou abricots	Les laver et les dénoyauter. Astuce : Si les fruits ne sont pas assez sucrés, vous pouvez mettre un morceau de sucre dans les fruits à la place des noyaux. Mettre les fruits dans la pâte et refermer avec des mains humides. Laisser reposer encore 5 à 10 min sur le plan de travail. Porter à ébullition
3 litres d'eau salée	et faire cuire les knedlíky aux fruits par quatre 20 minutes à feu moyen. Retirer les knedlíky qui sont prêts, les piquer à la fourchette plusieurs fois, les garder au chaud jusqu'à ce que tous les knedlíky soient terminés. Laisser fondre
200 g de beurre,	servir les knedlíky et les saupoudrer de
150 g de sucre glace	et
400 g de fromage blanc ayant une texture ferme	et les arroser de beurre fondu.

Knedlíky aux fruits

Gratin d'orge aux girolles (Kuba)

40 g de girolles séchées	Les laver à l'eau dans un égouttoir et les laisser tremper 20 min dans un récipient couvert rempli de
½ l d'eau.	Faire revenir dans une poêle
300 g d'orge perlé	(se trouve en magasin bio/diététique) dans
1 c. à soupe de saindoux,	diluer dans
½ l de bouillon	
de viande,	saler et ajouter les champignons avec l'eau de trempage. Couvrir et mijoter pendant 50 minutes à feu moyen en remuant de temps en temps. Éplucher
2 oignons	et
4 gousses d'ail,	les couper en petits morceaux et les laisser revenir dans
40 g de saindoux fondu	et ajouter à l'orge. Verser
⅛ l d'eau chaude	et relever avec
1 c. à café de cumin	et
1 c. à café de	
marjolaine.	Beurrer un moule à soufflé, y déposer des
croûtons de pain	et mettre le tout dedans. Enfourner. Laisser cuire sans couvrir 15 minutes dans un four préchauffé à 200°C. Servir aussitôt.

Gratin **d'orge** aux girolles

Choucroute (Kyselé zelí)

1 oignon	Le couper en petits dés et bien faire revenir dans
50 g de saindoux.	Ajouter
500 g de choucroute	et assaisonner avec
un peu de sel	et
1 c. à café de cumin.	Verser un peu d'eau et faire cuire la choucroute jusqu'à ce qu'elle devienne tendre. Au bout d'une demi-heure environ, ajouter
1 pomme de terre crue	à la choucroute et faire cuire à feu doux encore 15 minutes.

Crêpes aux épinards

	Mélanger au fouet dans un saladier
4 jaunes d'œuf,	
1 c. à soupe de farine,	
1 c. à soupe de lait,	
1 c. à soupe d'eau,	
1 pincée de sel	et
1 pincée de muscade	pour obtenir une pâte liquide. Laver
250 g d'épinards (frais),	les hacher finement et les incorporer à la pâte. Battre fermement en neige
4 blancs d'œuf	et mélanger à la pâte. Faire fondre
1 c. à soupe de beurre	dans une poêle et faire dorer 2 min de chaque côté 4 crêpes.

Galettes de pommes de terre (Bramboráky)

1 kg de pommes de terre	Les laver, les éplucher et les râper. Faire chauffer
1/8 l de lait,	le verser sur les pommes de terre, Mélanger
120 g de farine	et
3 œufs.	Couper en tout petits morceaux
100 g de lard,	
40 g de grattons	et
4 gousses d'ail	et mélanger avec
du sel, du poivre	et
3 cuillères à café de marjolaine.	paire frire les galettes de pommes de terre une par une
dans 100 ml d'huile	pendant 4 ou 5 minutes de chaque côté. Il est préférable de manger les galettes de pommes de terre dès la fin de leur cuisson.

Bramborák

Lentilles au vinaigre (Čočka na kyselo)

300 g de lentilles	Les trier, bien les laver sous le robinet d'eau, les laver à l'eau et recouvrir d'eau froide et les laisser tremper environ 3 h. Ajouter
2 feuilles de laurier	et faire cuire 25 minutes à feu moyen en brassant si besoin est. Faire un roux avec
30 g de beurre/saindoux,	
30 g de farine	et
¼ l bouillon de viande.	Saler avec
½ cuillère à café de sel	et laisser mijoter à feu moyen environ 10 minutes et brasser de temps en temps pour éviter que cela n'attache. Verser les lentilles dans la sauce avec leur eau de cuisson. Eplucher
1 oignon,	le couper en dés et le faire revenir dans
50 g de beurre.	Ajouter les lentilles, assaisonner avec
1 c. à soupe de vinaigre	et laisser encore cuire 5 minutes. Couper
4 gros cornichons	en tranches fines et les incorporer aux lentilles avant de servir. A accompagner éventuellement d'un œuf dur et de pain frais.

Choux-raves farcis (Plněné kedlubny)

4 choux-raves 2 litres d'eau salée	Les éplucher et les faire bouillir dans 10 à 15 min en fonction de la taille. Laisser refroidir les choux-raves dans le bouillon. Pour la farce : Eplucher et couper en petits dés
1 petit oignon 1 gousse d'ail	et les faire revenir dans
60 g de beurre.	Nettoyer et couper en tranches fines
100 g de champignons	et les faire cuire avec l'oignon et l'ail. Ajouter et faire roussir brièvement
150 g de viande hachée de bœuf.	Laisser le tout refroidir, mélanger avec
1 œuf	et assaisonner avec du
sel	et de la
noix muscade.	Creuser délicatement les choux-raves refroidis et les farcir de champignons et de viande. Graisser un plat allant au feu avec
1 c. à soupe de beurre,	y déposer les choux-raves farcis. Couper en petits dés les morceaux retirés et les mettre entre les choux-raves farcis. Verser 300 ml du bouillon des choux-raves, couvrir et faire cuire dans un four préchauffé à 180°C. Garder les choux-raves au chaud, mélanger
2 c. à soupe de farine	avec
200 g de crème fouettée	et incorporer à la sauce, assaisonner avec du
sel	et de la
noix muscade,	porter à ébullition et laisser mijoter à feu doux 10 min. Passer au mixer la sauce et la servir avec les choux-raves farcis.

Škubánky

1 kg de pommes de terre

Les éplucher, les couper en quatre et les faire cuire dans de l'eau salée jusqu'à ce qu'elles deviennent molles. Retirer les pommes de terre de l'eau, mais conserver celle-ci. Ecraser les pommes de terre pour les réduire en purée et les mélanger avec

150 g de farine.

Verser $\frac{1}{8}$ l de l'eau de cuisson conservée. Couvrir et faire mijoter le mélange à petit feu. Au bout de 10 minutes environ, verser l'eau qui reste et bien mélanger la purée encore une fois. Faire fondre

50 g de graisse

et pour former les škubánky tremper une cuillère à soupe dans la graisse. De cette façon on peut facilement mettre les škubánky dans un plat. Pour le saupoudrage faire revenir

1 c. à soupe d'oignons coupés en rondelles

ou mélanger

du sucre

et

du pavot.

Škubánky

Lard rôti à l'ail (Moravský vrabec)

400 g de petit lard de porc	et
400 g d'épaule de porc.	Les laver, les essuyer et inciser la couenne avec un couteau aiguisé. Couper les deux morceaux de porc en quatre grandes parts égales. Éplucher, écraser et mélanger
4 gousses d'ail	avec
1 c. à café de sel	et
1 c. à café de cumin.	Etaler régulièrement le mélange obtenu sur les morceaux de viande. Éplucher et couper en quatre
4 gros oignons	et faire revenir dans
60 g de saindoux.	Disposer les morceaux de viande avec le côté couenne sur les oignons et verser
150 ml d'eau bouillante.	Faire cuire la viande pendant environ 1 ½ heure en retournant de temps en temps. Servir avec le jus de cuisson et les oignons.

Lard rôti à l'ail (Moravský vrabec)

Rôti de porc à la sauvage

1-1,5 kg de rôti de porc	Le laver, bien le sécher et inciser la peau avec un couteau aiguisé en forme de losanges. Éplucher, étaler et mélanger
4 gousses d'ail	avec
1 cuillère à café de sel, un peu de poivre	
	et
1 c. à café de cumin.	Enduire la viande du mélange obtenu. Couper en quatre et insérer dans les entailles de la peau
4 feuilles de laurier	ainsi que
8 grains de toutes-épices,	
8 graines de poivre	et
4 graines de genièvre.	Dans
5 c. à soupe d'huile,	faire revenir le rôti, la peau en-dessous, dans un plat et verser
¼ l d'eau bouillante.	Mettre dans un four préchauffé à 200°C le plat couvert et laisser cuire pendant 2-2 ½ heures. Retourner au bout d'une heure de cuisson. Ensuite, laisser le rôti dans un lieu chaud et filtrer le jus de cuisson à l'aide d'une passoire. Mélanger avec
3 c. à soupe de farine,	diluer la sauce avec
¼ l d'eau	et faire cuire doucement pendant 15 minutes à petit feu. Couper le rôti en tranches et servir le rôti et la sauce séparément.

Rôti de porc à la sauvage avec un knedlík et du chou

Goulasch de porc à la tchèque

750 g de palette de porc	La couper en petits dés. Dans une grande cocotte en fonte, faire chauffer
5 c. à soupe d'huile	et faire revenir brièvement les dés de viande. Couper finement et faire brièvement revenir en même temps que la viande
1 poivron,	préalablement épépiné
4 tomates,	
3 gros oignons	et
2 gousses d'ail.	Assaisonner avec
1 pincée de sel,	
½ c. à café de paprika,	
½ c. à café de cumin	et mouiller avec
¼ l de bouillon de légumes.	Laisser mijoter le goulasch 45 minutes environ jusqu'à ce qu'il devienne tendre. Puis retirer du feu et incorporer
100 g de crème épaisse	au goulasch. Arrêter la cuisson.

Palette à la bière

1 kg de palette de porc	Laver et essuyer. Enlever la couenne, puis couper la viande en petits dés. Dans une cocotte, faire chauffer
80 g de saindoux	et faire revenir les dés de viande. Peler
4 oignons	et
4 gousses d'ail,	les émincer finement et les blondir sur un feu réduit. Assaisonner avec du
sel	
1 c. à café de cumin	et verser
150 ml d'eau	chaude. Laisser mijoter 1 h 30 à 2 h à feu moyen. Il est possible de laisser mijoter en même temps un morceau de la couenne et de l'enlever plus tard. Toutefois, le jus de cuisson sera très gras. Mélanger
¼ l de bière	et
100 g de croûtons de pain,	poivrer et ajouter le tout dans la cocotte. Laisser mijoter 15 min à feu doux en remuant souvent.

Escalopes de Brno (Brněnský řízek)

4 grandes escalopes de porc	Les laver, les essuyer et bien les aplatir des 2 côtés. Les assaisonner avec
4 pincées de sel	des 2 côtés. Couper
150 g de jambon cuit	en petits dés et les faire revenir dans
40 g de beurre.	Mélanger
3 œufs	et les mettre directement dans la poêle. Ajouter encore
6 cuillères à soupe de petits pois congelés	et laisser mijoter environ 2 minutes jusqu'à épaississement. Répartir le mélange sur les tranches de viande. Les plier en deux et les fermer avec des pique-olives. Passer les escalopes dans
2 cuil. à soupe de farine.	Mélanger
2 œufs	avec
2 cuil. à soupe de lait	en badigeonnant les 2 côtés de l'escalope et paner dans
4 cuil. à soupe de chapelure.	Faire chauffer
1/8 l d'huile	dans une grande poêle et laisser dorer les escalopes de chaque côté à feu doux.

Escalopes de veau à la crème (Telecí řízky na smetaně)

4 escalopes de veau	Les laver, bien les essuyer, assaisonner avec
4 pincées de sel	et passer les escalopes dans
4 c. à soupe de farine.	Faire revenir dans
100 g de beurre fondu	environ 5 minutes de chaque côté. Couvrir la poêle et laisser mijoter les escalopes à petit feu ¾ d'heure. La sauce est élaborée à partir d'un roux avec
30 g de beurre, 30 g de farine, 1/8 l de vin blanc et 1/8 l d'eau.	Ajouter
200 g de crème chantilly	et faire chauffer 15 minutes en remuant constamment. Couper finement
1 bouquet de persil, 4 anchois	et
4 c. à café de câpres	et ajouter le tout à la sauce. Laisser cuire lentement les escalopes de veau 15 minutes dans la sauce. Les servir en même temps que la sauce.

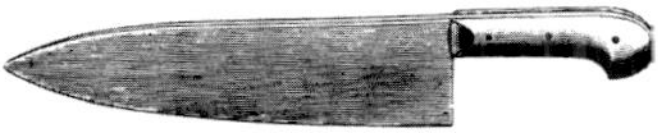

Lapin à la crème

1 lapin préparé	Retirer les peaux fines, laver, découper, frotter avec
1 c. à café de sel.	Dans une cocotte, faire bien chauffer
50 g de beurre/graisse.	Y mettre les morceaux de lapin à roussir de toute part. Réduire la température au plus bas. Eplucher
2 gros oignons.	Les couper en quatre et les ajouter à la viande.
2 carottes, $^{1}/_{8}$ de céleri-rave	et
$^{1}/_{2}$ persil à grosse racine	laver, éplucher et les couper finement et les faire revenir 10 minutes dans la cocotte. Y incorporer
1 c. à café de paprika doux.	Mouiller le tout avec
$^{1}/_{4}$ l de bouillon.	Couvrir la cocotte et laisser mijoter le lapin 2 $^{1}/_{2}$ heures. Pour finir, garder la viande au chaud et ajouter
200 g de crème	à la sauce, porter à ébullition brièvement et passer au mixer. Dresser les morceaux de lapin dans la sauce et servir.

Escalopes de veau aux anchois

500 g de veau (dont l'épaule)	Les couper en tranches de l'épaisseur d'un doigt, les aplatir et saler. Couper
1/2 oignon	en lamelles très fines, les faire revenir dans
40 g de beurre	avec les morceaux de viande dans une casserole à fond plat jusqu'à évaporation complète du jus. Puis verser à la cuillère du
bouillon de bœuf	jusqu'à ce que les escalopes soient tendres. Entre-temps écraser
2 anchois	dans du
beurre.	Ajouter le beurre d'anchois à la viande et assaisonner à la
noix muscade.	Les escalopes doivent mijoter dans le beurre jusqu'à évaporation. Puis faire revenir des
croûtons de pain.	Dresser les escalopes sur un plat, puis les saupoudrer de cette chapelure et les garnir avec quelques
citrons coupés en quatre.	

Rouleau de Karlovy Vary

1,5 kg de poitrine de veau préparée	La laver, la sécher, et inciser profondément au milieu. Ecarter les morceaux de viande et verser
4 pincées de sel.	Mettre dessus
150 g de jambon cuit	et
150 g de jambon cru.	Couper finement et répartir sur la viande
2 cornichons.	Battre
4 œufs	avec
2 pincées de sel	et
2 c. à soupe de lait	et faire cuire les œufs battus dans
2 c. à café de beurre.	Enrouler la viande et bien fermer à l'aide d'aiguilles à rouleaux ou avec un fil solide. Faire cuire la viande de tous côtés dans un plat dans
60 g de beurre.	Mettre ensuite le plat couvert dans un four préchauffé à 200°C et laisser cuire la viande pendant 2 ½ heures environ. Retourner la viande de temps en temps et, si nécessaire, verser un peu d'eau. Garder le rôti au chaud et mélanger dans le jus
1 c. à soupe de beurre,	ajouter
1 c. à soupe de farine	et diluer
1/8 l de bouillon de viande.	Laisser chauffer la sauce pendant 15 minutes à feu doux. Couper la viande en tranches et servir dans la sauce.

Rouleau de Karlovy Vary

Côtes d'agneau au vin de Brno

500 g de côtes d'agneau	Diviser en quatre morceaux, enlever la graisse et les morceaux de peau. Attendrir la viande et bien répartir
1 gousse d'ail.	Assaisonner ensuite avec
du sel.	Faire chauffer dans une poêle
50 g de graisse	et y faire revenir
1 oignon coupé	et
200 g de légumes potagères.	Ajouter la viande au bout d'environ trois minutes. Couper en morceaux
125 g de jambon cuit	et les étaler sur les côtes d'agneau. Verser
¼ l de vin blanc	et mijoter jusqu'à ce qu'elles deviennent tendres pendant 40 minutes environ. Retirer la viande de la poêle et la disposer sur un plat préchauffé. Passer la sauce et mouiller la viande avec.

Côtes d'agneau au vin de Brno

Rôti d'aloyau à la tchèque

1 kg filet de bœuf	Le laver, retirer la peau et les tendons. Le garnir de
50 g de lard	coupé en bandes. Assaisonner modérément de
sel et de poivre.	Couper en petits morceaux ou râper
1,2 kg à proportions égales : carottes, céleris-raves et persil à grosse racine.	Dans une casserole, porter à ébullition
1 ½ l d'eau.	Y ajouter
3 feuilles de laurier 1 c. à café de thym 10 graines de piment 20 graines de poivre sel	et
env. 150 ml de vinaigre,	puis mettre les légumes dans la casserole et laisser cuire 15 minutes. Laisser refroidir la marinade. Dans une poêle, arroser la viande de marinade de façon à ce qu'elle soit entièrement immergée. Laisser mariner toute la nuit dans un endroit frais. Le lendemain, mettre au four et laisser mijoter la viande dans la marinade jusqu'à ce qu'elle soit tendre. Puis retirer la viande du four, enlever les épices et passer les légumes au mixer dans la marinade réduite. Ajouter
200 ml de crème fraîche	et relever la sauce de
sucre et de citron	pour lui donner un goût exquis (aigre-douce). Découper l'aloyau, napper de sauce et garnir de confiture d'airelle.

Rôti d'aloyau à la tchèque

Entrecôte (Roštěná)

4 tranches d'entrecôte	Les laver à l'eau courante puis bien les sécher. Entailler plusieurs fois la graisse sur le bord des tranches et assaisonner avec
du sel, du poivre, du cumin moulu	et
4 gousses d'ail pressurées.	Envelopper la viande dans
4 c. à soupe de farine	et la faire frire brièvement dans une poêle en fonte dans
80 g de beurre fondu	(environ 5 minutes de chaque côté). Verser dessus.
1/8 l de bouillon de viande	couvrir et laisser mijoter à petit feu pendant environ 1 heure. Tenir la viande au chaud et ajouter au jus
200 g de crème fraîche	et faire cuire pendant quelques instants. Servir les tranches de viande dans la sauce.

Entrecôte

Oie rôtie (Pečená husa)

pour 8 personnes

1 oie désossée (environ 4 kg)	Bien la laver à l'eau courante, bien sécher et verser
du sel et du poivre.	Eplucher
1 kg de pommes acides,	retirer les pépins et les mettre avec
1 rameau de thym ou d'absinthe	dans l'oie désossée. Fermer le trou qui reste après avoir coupé le cou et celui de la poitrine à l'aide d'aiguilles à rouleaux ou avec des cure-dents en bois, mettre l'oie dans un plat, verser environ
¼ l d'eau bouillante	couvrir et faire cuire dans un four préchauffé à 210°C pendant environ 4 heures. Entre-temps retourner et verser dessus de temps en temps le jus de la viande. Découvrir durant la dernière demi-heure et faire dorer l'oie, enlever les aiguilles et servir en même temps que le jus.

Oie rôtie

Rôti de canard au chou rouge

1 canard sauvage (env. 2 ½ kg)	Laver et essuyer, saler extérieurement et intérieurement et déposer dans une poêle. Ajouter de
l'eau	et saupoudrer une face de
cumin.	Enfourner. Dès que la face est cuite, retourner le canard et saupoudrer l'autre côté de cumin et laisser attendrir. Saupoudrer à nouveau les deux côtés de cumin et laisser mijoter. Au début, à couvert pour éviter que le canard sèche et en fin de cuisson sans couvrir. Entre-temps, arroser le canard avec le jus de cuisson. Le canard doit être doré et croquant.

Chou rouge

2 bocaux de chou rouge (marinade aigre-douce)	Verser de la marinade environ la moitié et la garder. Mettre le chou rouge dans une casserole et ajouter
4 clous de girofle	et
4 graines de piment	et faire attendrir à feu doux. Si le chou n'est pas encore tendre mais le liquide s'est évaporé, ajouter la marinade restante et laisser mijoter. Dans une casserole, faire revenir
1 oignon moyen	dans du
saindoux	ou dans la graisse du canard. Dès que l'oignon est coloré, le saupoudrer de
farine	verser dessus un peu
d'eau	et incorporer le mélange au chou rouge. Rectifier l'assaisonnement (sel, sucre et vinaigre). Accompagner ce plat de Knedlíky : soit de mie de pain, soit de pommes de terre.

Rôti de canard au chou rouge

Echine de chevreuil à la tchèque

Ingrédients pour 8 personnes

1 échine de chevreuil	Enlever les membranes et percer à l'aide d'une pique à brochettes. Couper
150 g de lard fumé	en forme de petits macaronis fins et les introduire dans les petits trous de la viande. Verser ensuite
du sel, du poivre des grains de genièvre écrasés.	et Faire chauffer
120 g de graisse de porc	dans un plat et y mettre l'échine de chevreuil avec le côté parsemé de lard en bas. Couper
1 oignon	en rondelles et le mettre dans la viande en même temps que
de fines tranches de citron.	Verser dessus la graisse chaude, presser et arroser d'
un peu de vinaigre.	Préchauffer le four à 200°C et y mettre à cuire l'échine de chevreuil selon sa taille entre une heure et demie et deux heures et demie jusqu'à ce qu'elle devienne tendre. En même temps verser dessus en plusieurs fois
1/8 l de crème fraîche,	auparavant mélangée avec de l'eau. Retourner après la moutié du temps de cuisson et faire cuire le second côté jusqu'à ce qu'il devienne croustillant et doré. Dès que la viande est bien cuite, la retirer du plat, couper avec un couteau tranchant et tenir au chaud. Laisser le jus s'épaissir un peu plus, saupoudrer de
20 g de farine	et le faire cuire, ensuite le passer. Servir la sauce séparément.

Echine de chevreuil à la tchèque

Canard sauvage aux oignons

1 canard sauvage désossé (environ 2 kg)	Bien le laver sous le robinet d'eau, l'essuyer soigneusement et le frotter de
sel	et de
poivre	à l'intérieur et à l'extérieur.
3-4 oignons	Les éplucher, les couper en quatre et en farcir le canard avec
1 feuille de laurier	et
4 grains de genièvre.	Recoudre le ventre du canard et attacher les ailes et les cuisses au corps du canard avec du fil.
300 g de lard	Le couper en tranches fines et en barder le canard. Dans une casserole, faire chauffer
60 g de beurre/graisse	et y déposer le canard. Mettre la casserole couverte dans un four préchauffé à 200 °C et faire cuire le canard 1 ½ heure. Arroser de temps en temps pendant la cuisson avec le jus du rôti. Pour finir, retirer le lard et faire dorer encore 20 minutes le canard dans un plat sans couvercle. Pour préparer la sauce, mélanger au jus de cuisson
2 c. à soupe de farine	et diluer avec
¼ l de vin blanc	et
¼ l de bouillon de viande.	Laisser cuire la sauce 10 minutes à feu doux et servir le canard en portions sans la feuille de laurier ni les grains de genièvre.

Rôti de sanglier, sauce au genièvre

1 ½ kg de selle de sanglier	Le laver, l'essuyer soigneusement, retirer les peaux et les tendons et frotter le rôti avec
1 c. à café de sel.	Poivrer légèrement au goût. Faire chauffer
150 g de lard	dans une cocotte, y mettre la viande. Laisser cuire, à couvert, 2 h 30 dans un four préchauffé à 190 °C. Eventuellement, arroser le rôti de temps en temps avec un
peu d'eau chaude.	Pour préparer la sauce, faire un roux avec
40 g de beurre,	
40 g de farine,	
1/8 l de vin rouge	et
1/8 l de bouillon de viande.	Couper
1 petit oignon	et
100 g de jambon	en petits dés, ajouter
8 baies de genévrier	à la sauce, puis porter à ébullition brièvement et laisser cuire 20 minutes en remuant de temps en temps. Pour finir, incorporer le jus de cuisson et
200 g de crème fraîche	à la sauce. Relever le goût avec
1 c. à café de jus de citron.	Retirer les tranches de lard du rôti, couper la viande en tranches, enlever les baies de genévrier. Dresser les tranches de sanglier sur un plat de service, napper de sauce et servir.

Carpe aux anchois (kapr)

1 carpe (environ 2 kg)	La vider, l'écailler, bien la laver et la sécher. Arroser avec
50 ml de jus de citron	et laisser reposer pendant ½ heure. Eplucher et couper en petits morceaux
1 oignon,	
1 carotte	et
1/8 de céleri	et les faire rissoler dans une cocotte dans
60 g de beurre.	
	Diluer
1/8 l de vin.	Faire cuire avec la peau et éplucher
4 pommes de terre	et garnir la carpe avec. Mettre la carpe sur les légumes échine au-dessus, farcir avec
8 anchois	et saupoudrer
2 cuillères à soupe de chapelure.	
	Mettre sur la carpe
50 g de beurre	et faire cuire dans un plat couvert dans un four préchauffé à 180°C, arroser de temps en temps avec le jus de cuisson. Servir la carpe en même temps que les légumes et les pommes de terre.

Carpe aux anchois

Carpe au paprika

1 carpe (environ 2 kg)	Enlever les écailles, la vider, la couper et enlever les arrêtes, couper et jeter les branchies et les nageoires. Mettre les restes du poisson avec
2-3 oignons, 1 carotte ½ poireau, 4 grains de toutes-épices	et
2 feuilles de laurier	dans
¼ l de vin blanc	et laisser cuire pendant environ 1 ½ heure à feu doux. Passer le bouillon. Arroser les morceaux de poisson avec
le jus d'un citron	et laisser reposer pendant ½ heure. Eplucher et couper en petits morceaux
1 oignon	et laisser revenir dans
60 g de beurre.	Ajouter
½ cuillère à café de paprika doux	laisser revenir, délayer ensuite dans le bouillon du poisson. Verser sur les morceaux de poisson
1 cuillère à café de sel	et laisser pendant 15 minutes mijoter dans la sauce. Mélanger
2 c. à soupe de farine	avec
200 g crème fraîche,	tenir le poisson au chaud et mélanger la crème fraîche au bouillon, laisser porter

à ébullition et faire cuire en remuant constamment pendant 10 minutes. Mettre les morceaux de poisson dans un plat chauffé et servir dans la sauce.

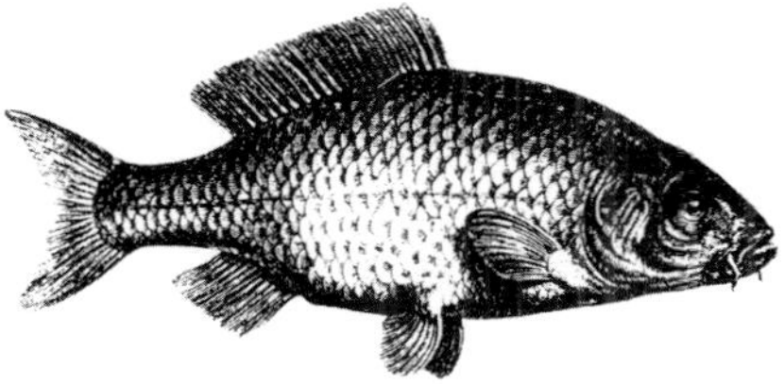

Brochet rôti (Pečená štika)

1 kg de brochet — Le nettoyer et enlever la peau. Le saupoudrer

de sel, — verser à l'intérieur et dessus

le jus d'un ½ citron — et faire revenir dans

150 g de beurre. — Faire cuire au four à 190°C et pendant la cuisson, verser du beurre plusieurs fois. Servir le brochet garni de

tranches de citron — et

de persil vert coupé.

Tanche à la tchèque (lín)

1 tanche (environ 1 kg)	La préparer pour cuisiner. Récupérer le sang du poisson lorsqu'il est tué. La passer 1 min dans l'eau bouillante pour l'écailler plus facilement. Couper le poisson en morceaux, les saler et les reposer une heure. Ensuite faire chauffer
100 g de beurre	dans une marmite et y faire revenir les tranches de poisson. Couper
2 oignons	en deux et les piquer de
clous de girofle.	Ajouter le zeste râpé d'un
½ citron	ainsi que
200 g de céleri	au poisson et laisser mijoter 15 minutes dans la marmite couverte. Puis retourner les tranches de tanche et les saupoudrer de
2 c. à soupe de farine.	Verser sur le poisson
¼ l de bouillon de petits pois	avec
2 c. à soupe de vinaigre	et le sang récupéré du poisson et faire cuire pendant encore 5 minutes. Passer la sauce avant de servir.

Blinis (Lívance)

25 g de levure 70 g de sucre	Bien la mélanger avec jusqu'à ce que la levure devienne fluide. Tamiser
300 g de farine	dans un saladier. Y ajouter la levure fluide et
3 œufs, ½ l de lait	et pétrir le tout pour obtenir une pâte levée lisse (sans grumeaux). Faire reposer la pâte dans un endroit chaud jusqu'à ce qu'elle ait doublé de volume. Faire chauffer une poêle en fonte 10 minutes et la graisser. Répartir dans la poêle la pâte à la louche pour former de petites galettes d'environ 10 cm de diamètre. Les faire dorer des deux côtés et les garder au chaud jusqu'à ce que tous les blinis soient prêts. Bien graisser la poêle chaque fois. Quand tous les blinis sont cuits, faire fondre
100 g de beurre,	en enduire les blinis, les empiler, les laisser reposer 10 minutes en les gardant au chaud. Servir dans une assiette préchauffée et saupoudrer d'un mélange de
60 g de sucre glace c. à café de cannelle.	et d'une Facultatif : Ces blinis peuvent être également servis avec de la confiture, de la marmelade de pruneaux ou des myrtilles fraîches et du fromage blanc ou de la crème.

Chaussons à la confiture de prunes (Povidlové taštičky)

Ingrédients pour 6 personnes

300 g de farine	Verser la farine sur la planche à pâtisserie. Travailler rapidement dans la pâte
1 œuf, un peu de sel 4 c. à soupe de lait.	et Etaler la pâte au rouleau sur la planche à pâtisserie farinée en galette d'une épaisseur d'un demi-centimètre et la découper en rondelles à peu près de la taille de la paume de la main. Assaisonner avec
100 g de confiture de prunes, 1 c. à soupe de rhum, un peu de cannelle et du sucre	et disperser uniformément sur les rondelles. Battre
1 œuf	avec de l'eau et enduire la pâte avec. Replier les bords de la pâte sur elle-même et bien les relier. Déposer les chaussons pendant environ 6 minutes dans l'eau bouillante et les faire cuire, tant qu'ils ne remontent pas à la surface. Les retirer avec une écumoire et les passer brièvement sous l'eau froide, les sécher et les envelopper dans
150 g de chapelure.	Avant de servir, saupoudrer de
2-3 c. à café de sucre glace.	

Chaussons à la confiture de prunes

Petites brioches (Dukátové buchtičky)

25 g de levure	Bien la mélanger avec
50 g de sucre	et
1 pincée de sel,	jusqu'à ce que la levure devienne fluide. Faire chauffer brièvement
100 g de beurre	et y ajouter
¼ l de lait.	Tamiser
500 g de farine	dans un bol. Ajouter le lait, la levure fluide,
3 jaunes d'œuf	et travailler le tout pour obtenir une pâte levée. Laisser reposer une demi-heure et ensuite étaler sur une plaque de cuisson farinée et découper avec un verre des ronds de pâte (de l'épaisseur d'un doigt). Les mettre dans une poêle bien beurrée et les laisser reposer à nouveau une demi-heure. Les enduire de
2 c. à soupe d'huile	et faire dorer dans un four préchauffé à 200°C une demi-heure. Démouler à chaud et saupoudrer de
2 cuil. à soupe de sucre glace.	Servir avec une sauce vanillée chaude. Préparer comme suit : Mélanger
2 jaunes d'œuf	dans
½ l de lait	et y incorporer
60 g de sucre vanillé	et
1 cuillère à soupe de pudding à la vanille.	La faire épaissir en brassant sans arrêt à feu très doux. A la fin ajouter quelques gouttes de rhum.

Petites brioches

Crêpes (Palačinky)

	Pour obtenir une pâte liquide, mélanger
200 g de farine	avec
½ l de lait,	
2 œufs	et
1 pincée de sel.	Laisser gonfler pendant 20 minutes. Ensuite, faire cuire 4-5 crêpes dans
de l'huile	chauffé.
	Les tartiner de
4 cuillères à soupe de confiture	et les enrouler. Les crêpes sont aussi excellentes piquantes ou remplies de fruits, de glace et de crème Chantilly.

Kouglof du dimanche (Bábovka)

25 g de levure	Bien la mélanger avec
40 g de sucre	et
1 pincée de sel	jusqu'à ce que la levure soit fluide. Mélanger
500 g de farine	avec
4 jaunes d'œuf,	
100 g de beurre,	
¼ l de lait	et la levure fluide pour obtenir une pâte levée et tendre. Mélanger à la pâte
140 g de raisins secs	et
50 g d'amandes pilées.	Bien beurrer le moule à kouglof et le saupoudrer par
1 cuillère à soupe de chapelure.	Verser la pâte dans le moule et la laisser lever pendant 30 minutes. Préchauffer le four à 190°C et faire cuire le kouglof 50-60 minutes. Saupoudrer encore chaud par
1 un sachet de sucre vanillé	et
1 cuillère à soupe de sucre glace.	

Muffins (Vdolky)

25 g de levure	Bien mélanger avec
2 cuillères à café de sucre	et
1 pincée de sel	jusqu'à ce que la levure devienne fluide. Tamiser
400 g de farine	avec
1 pincée de sel	dans un saladier. Ajouter la levure fluide,
2 œufs,	
¼ l de lait	et
1 sachet de sucre vanillé	et pétrir la pâte. Laisser lever 30 minutes, faire 8 parts de pâte, les passer sur un plan fariné et leur donner la forme de petits pains. Pour finir en faire des petites galettes rondes à frire dans une grande poêle dans
300 ml d'huile	environ 4 minutes de chaque côté. Egoutter brièvement et les garnir de
400 g de confiture de prunes	et
400 g de fromage blanc.	Servir aussitôt.

Muffins

Tarte de Prague aux noix

4 jaunes d'œuf	Les battre avec
60 g de sucre	pour obtenir une mousse. Dans un autre récipient battre fermement en neige
4 blancs d'œuf	avec
1 pincée de sel	et ajouter progressivement
50 g de sucre glace,	jusqu'à ce que la neige semble ferme et glacée, la mélanger avec soin aux jaunes d'œuf. Par cuillerées, ajouter
100 g de boudoirs râpés,	
100 g de noix moulues	et mélanger
1 cuillère à café de levure chimique.	Mettre la pâte dans un plat à tarte beurré et saupoudré et mettre tout de suite dans un four préchauffé à 170°C. Faire cuire pendant 35 minutes, laisser brièvement refroidir, dégager soigneusement le bord et démouler la pâte à tarte sur la grille. Après qu'elle ait complètement refroidi au milieu, la découper avec un fil à couper le beurre. Faire mousser
150 g de beurre,	ajouter progressivement
100 g de sucre glace,	
2 jaunes d'œuf,	
1 sachet de sucre vanillé	et
1 cuillère à soupe de rhum.	Répandre la crème sur la moitié inférieure de la pâte à tarte et y mettre dessus l'autre moitié et presser légèrement. Mélanger
150 g de sucre glace,	
2 cuillères à soupe d'eau	et
2 cuillères à soupe de rhum	pour obtenir un glaçage lisse et enduire avec celui-ci la surface et les côtés de la tarte. Pour la garniture, fouetter fermement
200 g de crème chantilly	avec
2 cuillères à soupe de sucre glace	et
1 cuillère à soupe de cacao,	remplir un sac à garniture avec et projeter 12 rosaces sur le glaçage séché. Ensuite, garnir les rosaces avec
12 moitiés de noix,	et laisser la tarte refroidir pendant 2 heures.

Tarte Pragoise aux noix

Brioche tressée de Noël (Vánočka)

100 g de raisins secs	Les laisser tremper dans
5 c. à soupe de rhum	et les garder de côté pour l'instant. Bien mélanger
30 g de levure	avec
100 g de sucre	jusqu'à ce que la levure devienne fluide. Faire fondre
200 g de beurre	dans une casserole et verser dessus
200 ml de lait.	Mélanger le tout avec
500 g de farine,	
3 œufs	et
1 sachet de sucre vanillé	et pétrir le mélange à la main jusqu'à obtenir une pâte levée légère. Y incorporer les raisins secs trempés,
120 g d'amandes pilées	et
120 g d'amandes entières	
(épluchées).	Plus vous pétrirez la pâte, plus la brioche sera légère. Il est nécessaire de pétrir la pâte au moins 15 minutes et ensuite de la laisser gonfler pendant une heure dans un endroit chaud. Faire trois parts de pâte, leur donner la forme de petits rouleaux d'environ 40 cm et en faire une tresse. Laisser reposer encore 30 minutes. Badigeonner d'un
jaune d'œuf	et déposer sur une plaque de four préalablement graissée. La faire cuire 50 minutes dans un four bien préchauffé à 180°C. D'abord à feu vif, puis en réduisant la température

Crêpes de l´Empereur à la tchèque

250 g de farine	La mélanger avec
½ l de lait,	
3 jaunes d'œuf	et
1 pincée de sel	pour obtenir une pâte peu épaisse et lisse (sans grumeaux). Ajouter éventuellement
2 c. à soupe de sucre.	Battre
3 blancs d'œuf	en neige ferme, puis les incorporer à la pâte. Bien égoutter
500 g de griottes	et les incorporer avec
20 g de raisins secs	à la pâte. Dans une grande poêle, faire fondre
50 g de beurre	puis y verser la pâte. Au bout d'environ 5 minutes, retourner la crêpe, la briser en morceaux à l'aide de deux fourchettes tout en continuant la cuisson (4 min). Saupoudrer de
2 c. à soupe de sucre glace	et servir aussitôt.

Punch

500 g de sucre
100 ml d'eau

Faire bouillir dans
en brassant constamment jusqu'à ce que ce mélange fasse des fils. Presser

3 citrons
et
1 orange
et ajouter au sucre. Retirer la casserole du feu et y verser

400 ml de rhum.
Servir très chaud dans des verres à punch. Conserver le reste dans des bouteilles bien fermées et les réchauffer à une prochaine fois. Dans ce cas, veiller à ce que le punch ne recuisse pas une deuxième fois. A consommer avec modération...

hlad nejlepší kuchař
co máš